AF599826

PEDRO ZACARÍAS

LA NAVE DE LOS EXTRAVIADOS

PEDRO ZACARÍAS

LA NAVE DE LOS EXTRAVIADOS

HUERGA & FIERRO editores

Diseño de Colección: Huerga y Fierro

Primera edición: 2024

© Fotografía del autor: Pablo Téllez

Portada: *La nave de los locos*, de El Bosco (1450-1516)

C/Sebastián Herrera, 9
28012 Madrid-España
Telf.: 91 467 63 61
www.huergayfierro.com
huerga@huergayfierro.com

I.S.B.N.: 978-84-128322-5-9
Depósito Legal: M-8482-2024
Impreso en Romadac Industria del Libro
Impreso en España/Printed and made in Spain

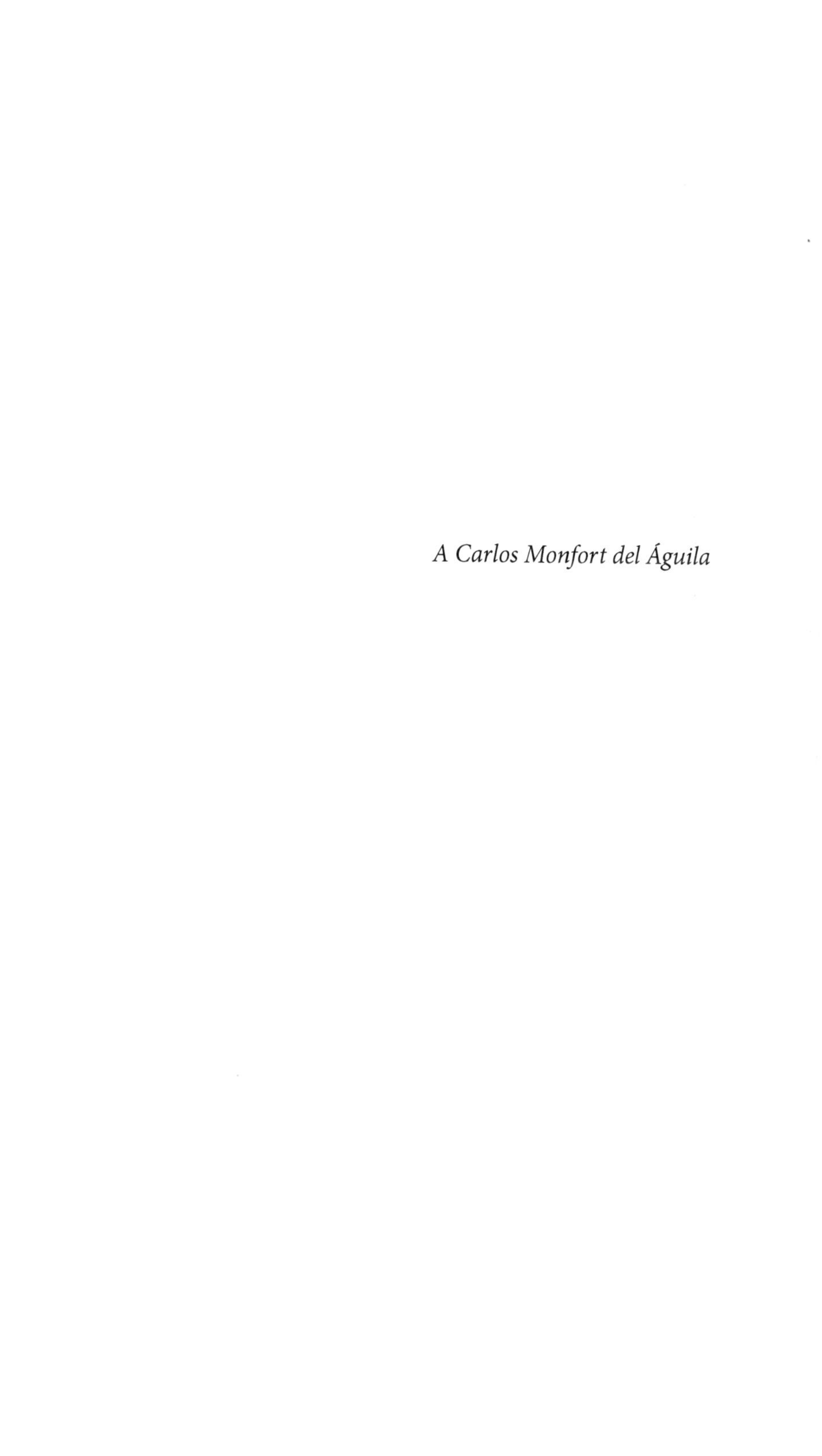

A Carlos Monfort del Águila

el hombre simbólico llega a ser un pájaro fantástico cuyo cuello desmesurado se repliega mil veces sobre él mismo, un ser sin sentido, colocado entre el animal y la cosa

Michel Foucault

En el mar, en el mar, en el mar, en el mar

Fernando Pessoa
(poemas de Álvaro de Campos)

Señor
Arroja los féretros de mi sangre

Alejandra Pizarnik

La fuerza del viento conduce a la embarcación por los abiertos piélagos. Ruge el mar. El fragor de las aguas salvajes socava los nervios y la mar, insalvable y profunda, todo lo confunde.

Llaman la atención las vestiduras del loco y sus figuras oscuras y arracimadas en el interior de la embarcación. Como un castigo, es la ventura de un viaje sin fin. Rostros atemorizados buscando, entre sus fibras, la verdad, desde un mundo encontrado.

La confusión y el dislate, el sonido abismal de los fondos, las tonadas oscuras, el perfil de un corazón atribulado.

Venas de sangre, flores de sangre traen, a estos frentes, la voz. Herida profunda que converge en el desvelo y en el espíritu de la noche. Letra nocturna que gira en la pregunta sin respuesta.

Al filo de la noche infinita, es el azar, con su oscuro lenguaje, el que da consonancia a las palabras. Por inciertos caminos (las sendas sin verdad) todo adquiere una extraña acritud.

Las valencias ininteligibles del loco. El desafecto de la vida los aboca, para siempre, en la fantasmagoría y el espanto. Todo adquiere, desde hace rato, un sabor acre y punzante.

La voz del loco con su extraña verba. La palabra de aquel que no posee nombre ni condición. El color atigrado. La tiesura de una voz doliente que desconoce el día. Burgo oscuro frente a la noche amarga. Ventanas sin verdad. Letras sin hora.

Combaten a manotazos el mundo pegajoso de las moscas. Se apelotonan, los locos, entre sí. Se confían, entre ellos, palabras de aliento. El vacío interior conduce al dislate y al despropósito. Hay una oscura invocación que, a menudo, los convoca. La búsqueda final a tan oscuro desarreglo.

En la vida del loco y en sus oscuros marasmos existe una meta que posibilitará la salvación y la redención final. Pero no hay mapas ni acuerdos para esta larga singladura. Bajo el peso intolerable de la deserción, bajo el fragor del mar, sin fruto ni semilla, el tiempo avanza hacia una incierta luz.

Cambian las tornas. A veces sopla, como una caricia, una brisa suave que los aquieta. El loco (ayer grave y circunspecto) considera, de nuevo, su verdad. Qué jardín encontrará, qué esperanza de luz hallará al término de su viaje. Pero, el veneno se impone y recomienza, de nuevo, la hora de los asesinos.

Búsquedas interiores. El barco se abre camino por las aguas salobres y profundas. ¿Qué viento o qué fuerza lo envía? ¿Qué luz amarillea sobre su perfil marino? Hay, también, una locura del mar. Negros resuellos que llegan de la hondura. Barco ebrio, incapaz de restablecerse a sí mismo. Madera enferma hecha de locura o extravío. Mar conductor.

La voz ecuestre reconstruye la página. No hace caso de la prédica ni del verbo incapaz. El mar ruidoso se dispone sobre sí y nos envía el castigo de sus negras galernas. El espíritu rojo e insidioso de una noche sin fin.

El barco se abre camino. La nave de negra madera en la que el marinero soez se atarea. Las obras constantes del trinquete o el obenque, la lectura profunda de las aguas salvajes. El mástil de mesana. La fortaleza del bauprés.

Así, en su serena juventud, el mar amaina sus corrientes, y el corazón se enfila. Falso cristal que no conoce el tiempo. Piedra sin luz que colma de fuerza el sentimiento.

Todos los locos (desde oriente a occidente) estamos atados entre nosotros. Todos desdeñamos de la vida y de sus aciagas tormentas. Nadie (ni en el cielo ni en la tierra) reparará en nosotros. Nadie, en todo el universo, conocerá nuestros nombres ni la respuesta a nuestras preguntas.

Conversamos entre nosotros con un extraño verbo lleno de jergas. Es un idioma oscuro y barroco que olvidó la vida y que se confunde con la noche. Idioma cercano a la hez y a la podredumbre. Letra hermana de la infamia y la mentira. Haz de palabras gastadas.

Palabras mercuriales que habitan en el fondo insalvable de las cosas. Más ruido que silencio. Más rotura que calma y quietud.

De noche irrumpen los rugidos. De noche, el aullido de las criaturas abismales y el soniquete interior de la locura que llega, inhumana y atroz, con su fiebre. Apostura interior que nos separa por dentro. Vesamia. Herida antigua. Infame balbuceo.

¿Buscamos la esencia de Dios en cada cosa? ¿Qué diezmo y dádiva de luz nos aguarda? Y, también, ¿qué jardín de luz, que círculo o qué estrella?

Los locos nos nutrimos de bayas rojas. La vida, con sus piedras eternas, nos desmerece y pedimos al aire-Dios, a la nube-Dios, cargada de promesas, que se haga seguro baluarte en nosotros.

¡Cómo nos gustaría sentir, ahora, la fragancia profunda de la rosa! Solo respondemos, con nuestra oscura atonía, al grito salvaje del mar y a su piélago inmenso. Bajamos, una y otra vez, al fondo de nosotros mismos. Vivimos en la acritud y en la violencia. Somos hijos oscuros del desvío.

Hambre y sed de luz. En las costumbres del loco está el considerar la vida de manera vagarosa. Desde la torcedura y la tristeza, los enajenados se enfrentan a las vicisitudes del camino. La muerte sin final lo conforma todo, y los locos (enfundados en remiendos y harapos) malviven apelotonados en la nave.

¿Hacia dónde se dirigen? ¿Hacia qué lugar del horizonte se encaminan? Hace siglos (el tiempo nunca es perceptible aquí) que un extraño oráculo les habló de Narragonia. En aquellas playas últimas, al otro costado del mar, se elevaba aquel reino de redención final para los locos y los necios.

Arde el corazón desfigurado y la mano sostiene, con su firmeza, el día. El tiempo no mide las etapas del hombre. El tiempo no existe en la naturaleza salvaje de los piélagos.

Los locos, sobrecogidos, rumian, de manera dolorosa, su verdad. El día los conduce a las borrascas y cuando el cielo se esconde, no hay camino. Qué triste realidad, qué mundo infame les aguarda.

La voz interior les avisa de las contingencias. Hay páginas cruentas en esta historia triste donde nada, finalmente, adquiere la adecuada proporción.

Los locos se observan. Consideran los jalones que los separan del día. Habitan, recluidos, en sus habitáculos de carne y, entre sus fibras sin verdad, soplan oscuras ráfagas.

Pintura barroca del loco balbuciente que ignora sus caminos. Él, envestido por la melancolía, aguarda la llegada del día.

A veces, irrumpe, con sus ladridos y su furor, el perro negro. Quiere aposentarse entre ellos. Desea indagar, aún más, en sus locuras. Las almas de estos hombres vacíos, de estos hombres que extraviaron sus caminos, habitan en la fiebre.

La luna atávica los observa desde sus ventanas tristes. La luna irreal, hecha a los siglos, aparece, en las altas noches, fija en el cénit. La luna, silenciosa, los nombra. ¿Habrá un jardín? ¿Habrá, entre tanto desdoro y tanto hastío, un lugar final donde ampararse?

Algunos locos (recordamos a Jup, a Verdigrás, a Olimpio, a Nur, a Celio) recuerdan o presienten que hubo un jardín en el interior de ellos mismos. Saben que, a la salida de su laberinto, les aguarda el árbol próvido, lleno de consonancias verbales, que los resguardará.

Los viernes llegan con su alegría y su fiesta. En estos días de amor, suele caer, sobre el barco, una fina y delicada llovizna, que los conforta.

El mar y la inacabable marinería se extiende hacia los remotos confines. A veces, el mar se encrespa y los locos, confundidos por la turbación, se impacientan.

Bocas rojas, resuellos tristes, hálitos negros… todo el mar denota locura y extravío y el barco de los locos hiende las aguas bajo el sol ecuestre.

Las olas amargas rompen en la quilla y el mar sin nombre, grita su infamia y su sinsentido al mundo. Crece el desvelo. Se acrece, en todas partes, la soledad y el hastío.

El loco lleva sobre sí el peso de su carga infernal. Él quiere desoír la muerte. Desea desmarcarse del sabor del oprobio y refugiarse en su baluarte interior.

Pero no hay paz para aquel que confundió las cosas. No hay refugio ni amparo en su insania. El loco se desvive. Ha aprendido a convivir con el intruso que lo atemoriza y lo desplaza y le colma el corazón de infamia.

Triste historia sin alcance. En la incompostura del necio habita el frio y es víctima de la irresolución y la incertidumbre.

¿Dónde, en qué lugar del sueño, se levanta la casa? Para los desposeídos de la gracia y para los poseídos por la fiebre, hay un largo camino lleno de escollos. En el loco habita un demonio que los coarta. Su figura maligna los socava por dentro y los llena de escabrosidades y asperezas.

El demonio crea en el enajenado un reino rojo. Este ser (hecho de corriente o de fuerza) subvierte, con su diente, la existencia del loco.

Llega con su aviso y con su cólera a malbaratar su mesa. Llega con su prédica oscura a confundirlo. No hay espadas para ampararse de aquel que desea destruirlo. En las cartas malsanas, el vidente, advierte la llegada de esta entidad.

Sólo queda la prez pequeña que llama, con su palabra, al santo. Solo queda la voz del orante para salvar al loco de la conjuración de los espejos.

Silencio en la noche vacía. En el oído, el rumor salvaje de las selvas. En las altas montañas, se escucha la voz de Dios. Caballos valientes, en la madrugada inmensa, cruzan el llano. Se oye el sonido incesante de sus cascos sobre la senda polvorienta.

La voz llama, a veces, al universo aéreo. Éste posee otras corrientes distintas a las que habitan en los reinos telúricos. En el cielo, todo es amable y curvo. Todo es suave y calmo. En el cielo conocido no existe el ruido ni el estrépito. No habita el fragor ni el estruendo.

Abajo, sin embargo, la flor del día se consume y la gracia de Dios se dirime y pierde altura. ¿Cómo encontrar la consonancia en este mundo extraviado?

Hablar y entender el silencio, congraciarse con la altura del santo, ser bendecido por la luz, separa al hombre atroz (de alas lastradas) de la figura aérea y benévola del ángel.

En las llamas, en el profundo conjuro de las noches, los locos sin verdad, los desahuciados, aquellos que perdieron la gracia del mar, malviven. El día los llama, pero ellos no atienden la voz de Dios.

Hundidos en sus costumbres, aguardan, vigilantes, una respuesta a sus tormentos. Hay, también, una "locura de la cruz" que aviva, en el que la sostiene, un destino de luz.

Recordamos los trabajos del asceta en su cenobio, y su cristal vivísimo. Cómo se entrega a los planos aéreos de Dios y cómo busca resarcirse del sinsentido, intentando hallar, a través de la plegaria o el ayuno, la palabra.

El orante inquiere la luz de Dios desde la sombra. Desea coronar la larga cuesta y alcanzar, desde la privación y la entrega, su altura interior.

La búsqueda de la verdad tropieza con el tumulto de los locos que viajan, arracimados, en esta nave del desvío. Hay que considerar su larga noche y sus oficios negros.

Palabras pobres para aquellos que buscan la luz. Paraíso cerrado. La llama votiva despierta, con su hora, al alma y la transforma en día.

A qué cerrado reino se aboca el orate. En qué región lunar, ultrajada por el pecado y la muerte, el maníaco (desde el sinsabor de la vida) se busca a sí mismo.

Muchas preguntas quieren absolverlos del veneno y el tósigo de la muerte. El color mortecino de la noche, con sus ráfagas frías, orbita en la letra. El loco se entrega, como poeta y hombre de luna, a sus tareas.

Llama, con su fuerza atávica, a los reinos del corazón. Pero la fiebre se extiende y ocupa sus fibras lunares. La locura (sin enmienda y razón) lo envía por los viejos pagos y convierte su sueño en verdad.

El insano (que extravió su estrella) anida en el sinsentido, buscando claridad en el sueño. El loco, sin aprestos, habita en una tumba sin camino.

El sol (la claridad que procede del cielo) alumbra su lápida. Es el alegre vientecito, brisa sin ruido ni alarma, que suaviza su fondo. ¿De qué herida sucumbió el poeta? ¿A qué lugar lo condujo el sinsentido?

Baile alegre (las hadas antiguas trajeron la paz) que suavizará, con su graciosa luz, el luto y la aspereza.

Un sistema verbal (compleja maquinaria solar) acerca el loco al poeta. Nada refrena su fiebre de escribir. Nada coarta su vuelo hecho de palabras azules.

El “coethes scribendi”, combate la inexistencia de la gracia y la caída frontal del idioma, con su lectura mágica.

Entre los locos que se apelotonan en el oscuro navío, pendiente siempre de su fortaleza (hay algo veraz y honesto en su lenguaje) lo lleva, en medio del incendio de las cosas, a su propia verdad.

Cantó el poeta la vida, y alcanzó, en medio de la tribulación y el espanto, su particular remanso.

Desde la atonía verbal de antaño, este bardo singular, que huele a locura y quejumbre, se conoce a sí mismo.

A veces, en su lenguaje, condicionado por la fuerza interior, surgen asomos celestes.

El loco anhela granjear, desde su puesto, la luz. Quiere viajar hasta el centro de su estrella. Salvar la empalizada y salir, alegre, a los caminos silvestres.

Sube el poeta, (que es un hombre zaherido) por la accidentada senda. Lleva en su pecho próvido a su estrella.

Nombro, de nuevo, al elenco de los maniáticos que quieren, para siempre, beber de la luz. Los llamo por sus nombres: Jup, Verdigrós, Olimpio, Nur o Celio. La lista sería incompleta si no convocara, con urgencia, A Hurón, a Silvio o a Marcio.

Desde el cristal de luz me acuerdo también de Cyr y de Set y de los nombres palindrómicos (también son ellos compañeros de infortunio en esta "Stultifera Navis") Bab y Zoz.

El fuego los libera de su negra opresión y, con pasión, llenos de insensatez, se enfrentan, sin embargo, al signo de su estrella.

La verdad habita en los bosques profundos. De allí, de sus cerrados reinos, por donde el alma, llevada por la luz de su estrella, peregrinó, el loco se encontró consigo mismo.

Otro día, por una suma de factores ocultos, conjunciones celestes que, al final, llevaron a la pérdida, el orate extravió, para siempre, su horizonte de luz.

El loco, antes de llegar a serlo. Antes de ser envestido por la parafernalia del desvío, besó la cruz del perdón y más tarde olvidó para siempre sus cargas.

He aquí, de nuevo, junto al eterno carrusel, frente a la tramoya del espanto, al loco enfebrecido, con su gorro de cascabeles, enfermo de verdad, buscando solución en la letra. Intentando encontrar, en los abismos del miedo, su verdad.

Allí, enfundado en su saco de arpillera, con su rehilete y su calzado de colores, mascarada de la fiesta y el brío. Imagen ebria y carnavalesca, cercana a los juegos de la infancia y a los suaves y paradisíacos entretenimientos del niño, como el alegre y enfebrecido caballito de palo.

¿Es, todo esto, un jardín? A través del lenguaje pautado (hermano de la razón) no puedo alcanzar las fronteras interiores del loco. Él llega con su majestad a anunciar al día sus vuelos verbales y a barajar, como un mago, los naipes de la vida.

El mago y el loco se estrechan la mano y el poeta, cerca de esa frontera natural, se anuncia como tal. Algo lo lleva a ejercitarse en esta amable lectura de las cosas. Parado ante sí mismo, considera sus vuelos.

El loco (que, a veces, no posee nombre) otea el horizonte. A menudo lagrimean sus ojos de poeta y, en el interior de su interminable aventura verbal, de manera suave, besa su cruz de olivo.

La locura (que, a veces, se las gasta muy mal) habita en el vinagre y en todo lo acerbo de las cosas. Sobre estos fundamentos se levanta su universo irreal.

Algo se urde en el pecho evanescente del poeta. Él considera los grumos y coágulos del alma. Desde la acera del dolor, la sangre grácil y aérea considera su fondo.

Qué alegría de luz (piensa el poeta) volver a nacer de nuevo. Con qué lenguaje pastor, ahora que la nube de Dios, ahora que el torrente de Dios, nos conduce, construir esta torre de grandeza. Cómo agenciarse, gracias a ello, a los caminos del corazón.

¿Qué es al fin la locura?, preguntan los hombres doctos. ¿Dónde comienza el alma y concluye la mente? ¿Dónde están las adecuadas directrices del dolor, los engranajes interiores? ¡Dónde, el origen del desarreglo? ¿Dónde —finalmente— la desfiguración de la verdad?

Los sabios de antaño trabajaron afanosamente en estos campos. La locura (sin norte ni dirección) es hija del oprobio y debe ser combatida por el alma.

Un reyecillo de pluma (desde la tumba de un poeta menor) pidió a Dios el regalo de unas riendas con las que, a modo de brida o dogal, encontrar la forma de orientarse.

Todo, o casi todo, nació del ruido. Todo llegó del paroxismo interior y de la exacerbación del lenguaje. Todo nació en una tumba irreal llena de frio. En esta tumba del dolor, a veces, con su carro solar, se abocaba Dios y su cumplido ministerio.

Nada es breve pero, todo, es ciertamente fugaz y efímero. En cada palabra del poeta habitan los reinos terrestres y celestiales. En cada línea de la palabra del poeta (con su escuela de luz) la vida se engrandece.

Hay, por aquí, ejercitándose en la hora, una especie de director de escena. Él lleva las directrices de estas construcciones verbales y a él y a sus lentas tareas, se deben los necios.

El poeta (debido, quizás, a las funciones de este director de orquesta) conviene al corazón de los aquí congregados.

Yo recuerdo (¿pero, quién lo recuerda?) el azote del viento en el barco de los desorientados. Los fondos rojos. El mar sin horizonte. Jup (que posee una verdad en oriente) se sostiene como puede y hace de esta existencia paradójica, un camino.

Se adentra el doctorcito por estos ámbitos secretos. Se vigila a sí mismo. Al poderoso y vehemente río de las palabras.

Jup, aletargado por la tristeza y el desánimo, considera su casilla interior. A veces, en un rapto de profunda lucidez, es consciente de su propia circunstancia vital. El lobo interior, sediento de carne y de poder, lo deshabita. Él hace tiempo que mordió el polvo y vive confundido con la vida.

Jup, de mirada triste, conoce los fondos y sabe de la errancia. Vive supeditado a una especie de flaqueza vital y su corazón, como un árbol del revés, crece hacia adentro.

La soledad y las intolerables cargas vitales lo conducen hacia el borde del abismo. Su alma de loco ansía redimirse. Cerrando, tras él, todas las puertas, con enérgico ademán, sale a escena Verdigrós.

Este orate, hijo del sinsentido, lleva, de manera proverbial, una caperuza en la cabeza y un pequeño cetro en la mano con el que desafía (psicológicamente) al mundo.

Verdigrós es un alma temerosa de Dios y hace alarde, también, de una enorme suficiencia. Es bastante locuaz y se comunica con los otros compañeros de infortunio, de manera ágil y enérgica.

Verdigrós le reza a una inconcreta deidad y le pide su santa intercesión. Este hombre considera la religión como un refugio o baluarte para su espíritu. Pero él no deja de considerar su naturaleza caída.

Él se considera hijo de la culpa y asevera que su alma se haya confinada en una triste y malsana mazmorra. Verdigrós (él debe frisar los treinta años de edad) está invadido de escabrosidades y asperezas. A veces, siente que le devoran los insectos y que unos hipotéticos intrusos irrumpen dentro de él.

Verdigrós mendiga luz y vive desprovisto de ciencia. Los otros locos del barco le trasmiten calor. Los días se suceden unos detrás de otro. Hace siglos (el tiempo no tiene valor aquí) que transcurre este viaje.

A veces, el frio, se vuelve intolerable y los necios (con sus almas vacías) tiemblan y se estremecen. El viento oscuro, arrecia con fuerza y el barco, poderoso, se abre paso por los piélagos salvajes.

Dios, desde su alta y celeste morada, los observa. Ellos viven ausentes, separados de la luz y del universo de los cuerdos. Los locos del barco están atados, simbólicamente hablando, de pies y manos. El día, sin piedad, los condena a la errancia.

Olimpio, que siempre parece vivir subido en las ramas, es un loco alegre, pero con una gran dosis de necedad e idiotismo. Tiene una aversión terrible a los roedores y, muchas veces, sus sueños se llenan de ratas.

A Olimpio le gustan las jerigonzas y los juegos verbales. A Olimpio le divierte contar chistes y considerar su caída en desgracia desde un punto de vista jocoso. Pero él tiene una astilla clavada en el pecho. Una mujer (él era muy joven todavía) le destrozó el corazón y lo abocó, para siempre, en el desvelo.

Olimpio posee mucha sed de luz. Este loco (uno de los más bondadosos del barco) arrastra, desde hace siglos, su mal de amores. Ahora, habita arrimado a la figura de un hipotético Dios y, en él, como un poderoso baluarte, se refugia.

A veces, en las desapacibles madrugadas, su herida interior se recrudece y Olimpio, falto de altura, se sume en el desánimo.

Una voz (una más entre aquel rimero interminable de voces que los locos escuchan) le trae nuevas de Dios. Otras veces, las voces lo socavan por dentro y Olimpio pierde la gracia.

Nur, una muchacha pelirroja y de piel clara (con el cuerpo cubierto de pecas) arrastra un pasado convulso. Ella (que cierra y abre continuamente su armarito de las cosas) posee una mirada lejana y triste. Parece quieta e inmutable, pero su corazón es fuerte y vehemente como un río.

Nur gira sobre sí misma y es consciente que habita en el castigo. Como los otros locos, ella perdió, también, su particular paraíso. Luego, con el paso de los años, a través del incesante rigor del tiempo, ella creyó encontrarse a sí misma.

Nur es hija del pecado y, a veces, sin saber muy bien por qué, se muestra como alguien perverso y malintencionado. Hay un dislate o una rotura en su interior. En su alma combate el día contra la noche. Su espíritu está lleno de saurios y de áspides.

A su alma (a través de su herida) descienden los ángeles. Nur no reacciona nunca y vive, a solas, con su dolor. El perro de la insania viene a veces a visitarla. Se acerca a ella y la olfatea. Nur, un alma solitaria, vive cautiva y prisionera en su propia extensión vital.

Celio (que tiene una hermosura nocturna o demoníaca) se comporta de manera desconfiada y suspicaz. Está, siempre, atento a todo lo que ocurre a su alrededor. Parece que ha atardecido en su corazón. Él, con un útil de tinta, escribe, en rugosos billetes, versos curiosos.

Celio posee un poderoso aliado en la poesía y se pasa las horas magnificando su verdad, a través de las palabras. Celio está ciego, pero no arrastra una ceguera física sino espiritual.

Celio se sumerge, muchos días, en sus frecuencias internas. Celio utiliza, como un mago o un taumaturgo, sus esencias vitales y, con alegre donosura, hace posible una hermosa y enhiesta torre de palabras.

A veces, el silencio lo anega todo y, entonces (los locos ya los reconocen) sobrevuelan el barco los pájaros negros. Los locos escuchan el graznido de aquella infame turba. En aquella hora incierta, los locos son sometidos por el estrépito de los pájaros que traen, con ellos, sus abyectas figuras.

Nadie ríe en el barco. Una atmósfera de gravedad lo anega todo. Solo se escuchan las quejas y los lamentos de aquella interminable cohorte de extraviados.

Hurón grita continuamente desde su pozo de quejumbre. De Hurón tienen pena todos. Es de los pocos locos que no poseen salvaguardas. La vida lo ha condenado al sinsabor y él vocifera y vocea desde su particular calabozo.

Hurón es un hombre sin ciencia y sin palabras. No se comprende a sí mismo. No comprende a los que lo rodean. Ignora la realidad, y el fragor y el veneno del mundo lo acorrala.

Hurón no es malévolo. No posee fibras malsanas. Hurón se exaspera y se desgañita desde su pozo de miseria. Cuenta los días que lo trajeron aquí. Cuenta, una a una, las jornadas de su infelicidad.

Los locos se nutren de bayas rojas, aunque, en realidad, no precisan ningún alimento. El corazón del loco está atestado de arritmias y desvelos. Muchos son conscientes de este viaje invertido. Casi siempre se hace tarde y todo se vuelve urgente e imperioso.

El día recoge todo aquel universo de lágrimas. Todo aquel combate en el que el amor trata de imponerse. En la soledad de los locos se agitan los pájaros del miedo.

En la triste hora, se sucede, de manera imparable, el viaje. Los locos consideran, desde sus lejanas lunas, su verdad. Quieren afianzarse. Quieren superarse a sí mismos y despertar a la voz con sus palabras.

La vida prosigue en todos los frentes y el barco (la nave del desvelo) se abre camino.

Llegan, a veces, hasta allí, en extraños transportes. Llegan conducidos desde el vacío, a llevar su noticia. Los locos habitan en la quejumbre y no hay paz en sus latidos.

Yerba roja del ser. Violencia. Noches infames. Triste es la hora sin final y tristes los lamentos que proceden del mundo.

Palabras hueras, sin intercambio ni reciprocidad. Veneno del abismo. Piedra del desorden. Todo orbita —luego— alrededor del ser.

El Dios-nube, el Santo Dios de la Palabra, protege con sus manos claras, la sombra. Llega Dios por los conductos del día y trae con él la confianza.

Atardece. El elenco de locos, atado a sus raíces, crea, en el aire, correspondencias.

Silvio llegó con su hatillo, mostrando la vida en su cristal. Algo, entonces, lo destruyó por dentro y él perdió su donosura y su gracia. Al borde de la roca roja y del desahucio, buscó la verdad en el camino. Le faltaba altura. Le faltaba una iglesia de luz para poder salir airoso.

Silvio posee, como todos los locos, una historia oscura detrás. Ahora, considerando su infinito, vive subido en las ramas. En el conjuro rojo, en el gerundio de su ocaso, la boca lo desdice. Silvio habita en una mala hora. Silvio es un barro pobre lleno de extrañas corrientes.

Abandonó los cielos. Buscó, en su rosario de soles, la verdad, pero la noche y la fatalidad no tuvieron compasión de él. Ahora, destruido, arrinconado contra la roca del desvío, anhela el vuelo y la paz del Santo.

Hablamos de la estrella que extravió el camino. Hablamos del árbol próvido que perdió la viveza. El rayo de la luz benéfica. El segmento del alma, inquiere en el espíritu del loco.

Vibran, en él, las fibras celestes, pero, a su paso, lo desplaza la muerte y la insania.

Marcia cree conocerse a sí misma. Marcia tiene ojos de pájaro y en su mañana brilló el sol. La mano del poeta inquiere. Pinto, con alegres mixturas, el rostro de esta gran necesitada.

Marcia (a causa del veneno y las viscosas resinas) cayó, rotunda, a los pozos del frío. Marcia perdió el cordaje del corazón y su palabra, ayer colmada de luz, se deshabitó. Penetró de lleno en el universo de las cáscaras con un gran vacío en su interior. Su sangre, vana e inane, y su pulso vacío, no poseían la debida fortaleza.

Las palabras nacían, ahora, sin verdad y el poeta, borracho de insania, se estremecía. Marcia vivía feliz en su reino lunar. Sin embargo, la flecha, en un interminable despoblado, la abatió.

No hubo en ella un atisbo de paz. Ahora, las palabras surgían de su pecho escindido, sin satisfacer el diezmo de su estrella. Marcia, atada a su luna atávica, convocaba, con su voz atiplada, a los ángeles del día.

Ahora, esperando el despuntar de la aurora, dormía, para siempre, en la intranquilidad y la zozobra.

Cyr y Set, descendían, otro día, del cerro donde habían sido convocados. Pero, más tarde, llegó la deserción y la ruptura. Irrumpieron, como huéspedes inoportunos, los pájaros del miedo. Algo, desde las borras tristes de la noche y sus cárceles cerradas. Desde la hondura del sueño. Desde los lugares lúgubres, nació la intranquilidad y la congoja.

Cyr y Set, vadearon los ríos buscando altura en la tarde hermosa. Cyr, hizo, de sus asomos líricos, circunferencias blancas y, Set, que, al igual que Cyr, malogró su vuelo, se transformó en un espíritu atroz.

No hay palabras precisas para expresar el desatino. No hay forma ni altura en el color. El nombre mismo naufraga en el marasmo. No hay guía que pueda conducir el mundo. Solo pobreza y privación en esta pieza del desvío.

La tarde se ha tornado roja para Cyr. Ya no hay alcance de luz en las palabras. Solo abismo y oquedad en el sueño y en los preparos de la noche.

En tanto, cerca de la carta de la fortuna, orbitan las almas, de corazón caliente, de Bab y Zoz.

Con su magia palindrómica que conoció la juventud y las torres alegres del verano, este par de pilletes perdieron la verdad y les fue arrebatada la poesía.

Sin ningún beneficio o diezmo alguno, se tornaron necios frente a sí mismos, y frente a los otros. Eran, ambos, codiciosos y ávidos. Les faltaba un grado de bondad. Les faltaba inocencia. Creyeron hasta tal punto en sus vuelos verbales que perdieron las perspectivas y la estimación de las cosas.

El sueño (que, a veces, se asomaba a ellos como un baile de espectros) los llevó hasta el desvío. Nada pudo hacer el Santo para poder rescatarlos. Se deslizaron, poco a poco, por la hondonada y, luego, se perdieron en la alta noche.

No había edad en los locos ni beneficio alguno en la luz. Faltaba una enzima para que el barro se tornase ala. Faltaba la quietud y el poder suave y silencioso de la espuma.

Barco ebrio. Nave de los borrachos. Bajel de los extraviados. ¿Dónde —se preguntaban todos— estaban las valencias? ¿Dónde, el cauce del sueño y la madera clara? ¿Dónde —finalmente— estaba Dios?

La palabra, con su eficiencia, estudia los fondos del poeta. El bardo (todas las inquinas se dirigen a él) considera la altura de su sangre. Mundo de necios y de noticias vanas. ¿Dónde están los ramos verdes que anuncian, con cánticos de júbilo, el día?

¿Dónde la montaña de la gran verdad que persiguen los Santos? ¿Dónde —en fin— está la palabra eterna que arrancó al poeta del frio?

Loco y poeta. Ambos habitan en la misma nube. Ambos están condicionados por los caminos de la noche y el día. Ráfagas. Secuencias meteóricas. Crispación de estrellas… en qué vaso de luz, lejos de todos los tósigos del hombre está el licor liberador. ¿En dónde —finalmente— brota, para siempre, el agua viva?

En este barco, sin pulso ni latido, en esta nave irreal, con sus resuellos y golpes de mar, con la errancia que extravió el camino, los enajenados, llenos de inquietud y de zozobra, aguardan un ansiado despertar.

Es un barco de esfuerzos. Es un bajel de espera. Allí se desgañitan los pecadores que escupieron en las manos del Santo. Allí, ocupado por el espectro de la noche, habitan los asesinos.

Las mujeres que vendieron su cuerpo por cuatro monedas, los vagos y maleantes que conjuraban contra la vida, los desertores del día, los pobres y menesterosos con su castigo a cuesta. Los mendigos llenos de pobreza y carestía. Las malas cabezas que perdieron sus bazas en los hórridos desiertos.

La pluma del poeta pinta el amanecer y nace de su fuente, hacia el mañana. La pluma grácil del poeta, de alma pura, se anima en su constante artificio de luz. Pero el loco, balbuciente, perdió la voz, y el lenguaje de luz le fue arrebatado.

Ahora, el loco habita en la inexactitud. Ahora, es vana el agua lustral y todos los caminos que conducen al día.

Han pasado muchos siglos desde los lejanos leprosarios. Luego, la historia continuó y se crearon los asilos de enajenados. Los desahuciados de la realidad. Vinieron arrastrando sus sacos de pobreza y podredumbre. Llegaron, sin dirección, al mundo disímil de las palabras y nadie, ni siquiera ellos mismos, comprendieron sus voces.

A los antiguos "Narrenschiff" hay que considerarlos con delicadeza y ternura. Eran embarcaciones ligeras que llevaban, en ellas, a una cohorte interminable de insensatos. Estos desajustados precisaban ser transportados y conducidos a un lugar distinto.

Precisaban, desde sus errancias, un destino. Se trataba de un grupo de expulsados. Navegaban sin avíos, hacia una meta inconcreta buscando, entre sus fibras, al demonio o al ángel.

En los ríos de Renania o remontando el Rin, subían, pesarosas, las barcas esquivas. Sin consonancias, deshabitados interiormente, en aquel río de mil brazos, buscaban su estrella interior.

El capitán del barco, que era originario de Tánger, se llamaba Smith y era un hombre de color. No era una persona complaciente, sino severa y adusta. Ejercía en el barco (aquella vieja embarcación de madera) su autoridad. Con una vara de avellano los acogotaba y los sometía.

Los locos y los necios, envueltos en raídos ropajes, se apelotonaban. A veces, para someter o hacer huir el miedo, entonaban canciones de guerra.

En la vida de los locos no había puertas ni ventanas. La locura (una rotura o interferencia en los circuitos mentales) avanzaba por dentro de ellos y los llenaba de intranquilidad y zozobra.

Smith ejercía su ministerio con muy malas formas. Él, como casi todo el resto de la embarcación, había malvivido en la gran ciudad. Algunas ciudades modernas se han deshumanizado, y en ellas habitan el fragor y el estruendo. Las ciudades malviven. Por todas partes se siente el estertor. Por todos lados habita la sed. La insuficiencia y el hastío.

El día no es capaz de sanar las úlceras del alma. En las horas nocturnas, bajo un cielo incapaz, se siente el aullido de las bestias salvajes. El barco, atestado de necios, es como una morería llena de lamentos y quejas.

En la mar procelosa, llena de oscuras corrientes, habitan los monstruos marinos. La leyenda de estas criaturas abismales, sobrecoge: Kraken, el pulpo gigante, Morgawr, la bestia de los fondos o el monstruoso Leviatán.

Los misterios del mar acechan por todas partes y el corazón de aquellos sufrientes busca una salida a su extravío.

No hay manzanas. No hay fruta fresca para poder nutrir el pecho. Tampoco hay paz o cordura. Solo la consecución de la muerte y su continuada danza de espectros. Sin embargo, a pesar de aquella vida errática, Dios parece guiarlos.

Golpes de mar contra la quilla. Insuficiencia en el corazón. El perro de la insania sale a husmear. El cáncer de la noche, lleno de soles profundos, se propaga.

Smith se desgañita y, a golpes de vara, aquieta la intranquilidad de los locos que entonan, al unísono, canciones de guerra.

La soledad, los cambios climáticos, las noches lentas e infames. ¿Dónde están, en qué campos habitan las brisas espirituales que puedan conducirlos? ¿Dónde está el soplo de Dios?

Como contraste a los desafueros de la locura, están las fuerzas celestes y espirituales. La gracia luminosa del Santo, abriendo su claridad en la noche. El espíritu es el ángel dador. Es la gran fuente cósmica que conduce, al hombre, a los secretos del día.

El espíritu es como una linterna o como una lámpara vital. Con ella no es tan complicado surcar las geografías oscuras y arriscadas.

Smith, a veces, queriéndose imponer, realiza una pequeña prédica o sermón, con la que pretende catequizarlos.

Smith, que es un robusto y valiente hombretón, sostiene en la mano, la Sagrada Biblia e intenta aleccionarlos, a voz en grito. Les lee, con enorme fruición, algunos salmos:

El Señor dice: yo te instruiré, yo te mostraré el camino que debes seguir; yo te daré consejos y velaré por ti. O, también, : *Pero el Señor es mi protector, es mi Dios y la roca en que me refugio.*

Aquellas lecturas santas son como remansos en el camino y, algunos locos, incluso los más furibundos y coléricos, lo agradecen. Smith es, también, un alma de la noche. Un triste réprobo del fuego y, también, como el resto de los locos, está condenado a la errancia.

Normalmente, en aquellos mares oceánicos, siempre arrecia el aire y la embarcación, a merced de las mareas, navega por aguas inciertas. Sin embargo, en muchos momentos, el viento cesa de soplar y todo se anega en una calma chicha que desconcierta a toda la tripulación. Esta quietud meteorológica también es, para los locos, una fuente de inquietud.

Smith, sobrecogido, hace alarde de su creciente irritabilidad y mascullando oscuras palabras, perjura y reniega de Dios. A veces, desesperado, por aquella demora inoportuna, invoca, a voz en grito, a Eolo (hijo de Poseidón y Arne) dios de los vientos, para que se reanude, de nuevo, el viaje.

La nave de los necios (no se sabe cuándo fue su principio o su final) los lleva hacia delante.

Mientras el barco hiende las aguas y la nave surque el mar, hay, aún, esperanza de vida en el viaje. Pesa en todos el pecado y la muerte. Pesa la mentira y la soberbia del hombre.

Nada es fácil para el necio, que cayó en el error y buscó, en la materialidad, la manera de poder satisfacerse a sí mismo.

El pecado subvierte el corazón del hombre, y en la nave, congraciados en un mismo parecer, malviven, también, los avaros, los lujuriosos, los lascivos o los iracundos. Toda esta cohorte de infortunados, sumidos en el desafecto, habitan en la nave de los necios.

Todos, congraciados ante las vicisitudes del viaje, se consumen en la misma hoguera. El mundo del revés, el espejo del pecado, la falta de ética y moralidad, forman parte de esta sátira sobre el mundo.

No hay nadie o casi nadie que pueda dejar de formar parte de la lista interminable de los necios que bogan, intranquilos, sobre las aguas oscuras del ser.

Entre la larga cohorte de pecadores y desahuciados, sumidos en la repulsión y la náusea, aparece la larga lista de culpables o pecadores, ansiosos por liberarse de sus pesadas cargas.

El poeta los vio y sintió, de cerca, sus resuellos. En el barco del dolor, hacia un incierto horizonte, aparecen todas las formas posibles de la necedad, que el autor, Sebastian Brant, en versos octosílabos de la lengua alemana propia del alto Rin (que debe mucho a la lengua oral) cantó.

Cuando el lector despierta a las páginas de "Das Narrenschiff"("La nave de los necios") puede constatar esa visión deformada de la realidad donde salen a escena los pecadores y las flaquezas de los necios.

Puede vérseles, uno por uno, en las luminosa páginas del libro (con gran repercusión en su época) editado, sobre todo, en París, Basilea y Estrasburgo. Los necios se hacinan en un pequeño espacio lleno de asfixias y, el autor, de forma satírica, se refiere a ellos.

"La nave de los necios", posee su antecedente más inmediato, en el ciclo de los Argonautas, héroes que, como se sabe, fueron, en una aventura que parecía no llegar a tener fin, en busca del Vellocino de oro, de Págasas a Cólquide, comandados por Jasón. En el horizonte estaba la posibilidad real de alcanzar y encontrar la piel del cordero sagrado.

En algunas ediciones del libro existen 115 grabados atribuidos al pintor Alberto Durero. Brandt hace una crítica bastante cáustica y mordaz de la sociedad de su tiempo y de la ausencia de moralidad. Casi nadie se libra de las puyas verbales del escritor alsaciano.

Podemos ver, los dientes cariados y el rostro deformado de los que se apelotonan en la nave. Ya nos referimos, anteriormente, a algunos personajes de la tripulación. Ahora, de nuevo, se multiplica el carácter transgresor de esta horda interminable de culpables.

En realidad, el barco que hiende las aguas inquietas, está contenida toda la sociedad de la época. Todos son, ahora, hijos del pecado y del oprobio:

Los que, olvidando la mesura, se han sumergido en el vicio y la disipación. Los altivos que no saben medir sus palabras. Los que trasgreden la norma y no cuidan sus actos. Los que se abandonan a la ociosidad y el dispendio y huyen de la disciplina. Los presuntuosos que se creen por encima de los demás. Los que engañan a sus cónyuges. Los que, en un alarde de ira, maldicen a Dios.

Los que comen y beben de forma desmedida. Los que ansían, por puro afán material la creciente acumulación de riquezas. Los soeces que caen, constantemente, en la grosería y son sucios de alma y de cuerpo. Los que se precipitan en sus actos. Los soberbios y pagados de sí mismos…

Todos se hacinan, ahora, en aquel reducto de locura y extravío y, algunos, aquellos que se han reconocido a sí mismos, creen que la redención última la hallarán, al final del viaje, dentro de ellos mismos.

En “La nave de los necios”, casi nadie puede llegar a conciliar el sueño. El desvelo y la imposibilidad de poder abstraerse durante unas horas del peso intolerable de las cosas, los mantiene alerta. Solo se escucha, redoblado por la agonía de los dolientes, el fragor del mar.

No hay posibles salvaguardas en aquellos que velan su existencia vacía. Smith, con su verba ruda, los mantiene a raya. Todos están sucios y embrutecidos. En sus almas, desdibujada por la tristeza y el desánimo, habita la quejumbre.

Pero todos ansían el viaje. La posibilidad de alcanzar, algún día, en la lontananza, en medio de la espesa neblina, las lomas blancas de Narragonia, la tierra del rescate y de la redención.

¿Dónde tiene origen la locura? Antes, se sostenía que la enajenación tenía que ver, de manera directa, con las posesiones diabólicas. El lobo de la insania, se colaba por las grietas orgánicas e irrumpía en el santuario interior de la persona. Allí, fácilmente, se acrecía y se hacía fuerte. El loco era, así, únicamente, un poseído.

Las entidades malignas ganaban terreno, cada día, y era responsable de los desarreglos mentales de aquel hombre caído en la desgracia. El loco, al igual que el antiguo leproso, era una criatura desahuciada por la sociedad. La extravagancia de este doliente, sin altura ni nombre, perdido en constantes devaneos, lo transformaba en un hombre condenado por la sociedad.

El loco (precipitado en un mundo de corrientes adversas) no tenía lugar en la sociedad. A veces, se trataba de seres violentos cuyas mentes enfermas los convertían en criaturas alienadas. Éstos, vivían sumergidos en el delirio y la enajenación, zaheridos por sus propias fantasmagorías.

Las fuerzas diabólicas (que, como insolentes intrusos habían tomado posesión de sus almas) mandaban en ellos. El loco vivía en un mundo barroco y desmesurado. Era una especie de país sin mapas, carente, simbólicamente hablando, de cartas geográficas, donde la razón no tenía jurisdicción o potestad.

Por sus mentes enfermas, acuciados por las fuerzas oscuras, desfilaba toda la imaginería del loco. Este mundo disímil, de extrañas navegaciones, conformaba la realidad vital de los enajenados.

Los locos no podían mandar y ejercer su autoridad en ellos mismos. Los llevaba el desafuero y todas las formas posibles de la ruindad. En los ojos enrojecidos del demente, brillaba el dislate.

Su palabra, oscura y desacordada, estaba supeditada a un profundo desarreglo mental. La mente del loco es un bosque ignoto y, casi nadie, excepto algún facultativo avezado, que conoce los territorios de la noche y la geografía del espanto, puede hollar.

Ese bosque sin sendas que, a menudo, no conduce a parte alguna, es el ámbito en donde estos seres lunáticos, se abocan.

A menudo, el loco vive sumergido en la asfixia y la quejumbre, buscando, en sus terribles desafueros, un lugar donde ampararse. A veces, los curadores de este tipo de dolencias del alma, tratan de orientar a estos espíritus errantes.

Los locos libran profundas batallas contra ellos mismos. A menudo, atenazados por el miedo y los espejismos, ansían la muerte o la liberación.

Voces, totalmente desacordadas, los desorientan y los conducen a vastos eriales o baldíos sin alma, donde arrecian los vientos. El loco habita en un mar encrespado y violento. En la alta noche, la luna vigilante (llena de tristezas y desvelos) los alumbra.

El loco yace bajo el peso de la tristeza y el desánimo y malvive, en su cenobio triste, lejos de sí mismo.

Es difícil intentar comprender las razones distorsionadas del orate. Su alma deslavazada habita en la disociación y la rotura. El loco, en esencia, es un hombre destruido espiritualmente. Condenado al confinamiento en insalubres mazmorras. Atado de pies y manos. Coartado por la razón, el loco ha sido siempre una criatura olvidada.

Las fuerzas diabólicas (esas corrientes rojas que avanzaban por ellos) destruían su verdad. En la mente del loco todo es disforme y anormal. Durante siglos se creyó que el origen de una mente insana era producto de un desarreglo espiritual. De que el loco era, en esencia, una criatura poseída.

Luego, a medida que se fue afianzando la medicina, se llegó a la conclusión de que la demencia (con toda su aparatosidad) era producto de un fallo en la cognición. Un defecto mecánico en el engranaje mental.

Filósofos como René Descartes, enarbolando la potestad de la razón, abominaban, con su "nueva filosofía", sobre lo imaginario o lo ficticio, un territorio prohibido para el hombre eminentemente racional.

El loco siempre ha tenido un aire carnavalesco y festivo. Sus maneras disformes conducen a la burla y al escarnio. Ahora, ahondando en ese universo desacordado y caótico del loco, puede saberse que el producto de su insania viene determinado por una perturbación en los mecanismos mentales.

En el barco de los desahuciados, enfilando, con rigor, hacia la lejanía, malviven los sin nombre.

Smith es, ahora, el único que ejerce su autoridad en aquellas almas vacías. ¿De dónde, de qué lugar lejano e ignoto han llegado? Triste espectáculo el que procura la visión enervante del desorientado. Todos, para bien o para mal, conocen su pasado. Todos desfilaron por antiguas clínicas y casas de salud mental.

A veces, algunos de éstas, poseían hermosos jardines. Pero todos experimentaban, en sí, la misma dificultad o apretura.

A través de los tiempos, todos los locos, han hollado, temerosos y ausentes, lugares semejantes:

Manicomio de Galstonbory, Bethlen Hospital, La casa de salud de Nathaniel Cotton, el manicomio de Willis, El York Asylum, el Hospital San Hipólito, y, en todos, han experimentado el mismo pesar y la misma pesadumbre.

Lacerados por el poder de la noche, hundidos en sus cárceles corpóreas, conscientes, algunos, de sus deficiencias, buscan o anhelan una salida a su infortunio.

El mar reitera, como un rugido oscuro, su sonido grandioso y demencial. Hay —a veces— sed de luz y verdad en sus corazones. A menudo, sueñan despiertos. Alguien (quizás una criatura alada que desciende de los territorios celestes) busque la forma de aliviar sus congojas.

El bramido triste y reiterado del mar y un mundo sin llegada, los conduce, muchas veces, al frio. El barco navega despacioso por las aguas de aquel oscuro territorio. Hay una enseña de luz en sus corazones vacíos.

Smith, surge de nuevo de su abstracción y, a voz en grito, pronuncia unos nombres y, luego, haciendo uso de su autoridad, los encamina.

Los locos mascullan por lo bajo, mientras se ponen en disposición de Dios.

De pronto, uno de ellos (quizás el más incapaz) ríe de manera inesperada y graciosa. Es una risa blanca, semejante a la de los niños, que les trae, sin saberlo, una fragancia a mañana y a rosas tempranas.

No se sabe muy bien por qué, a través de aquella risa inocente, se puso en marcha, una especie de mecanismo celeste. El día, siempre gris y borrascoso, se descubrió, y en el cenit, golpeando sur férreos badajos comenzaron a doblar las campanas de Dios.

Todo el mundo, olvidando sus urgencias y el apremio interior, dirigieron sus miradas al cielo. Alguien, de manera suave, habló de las musas celestes y, otro, dejando de urdir infelicidades, recogiendo sus dos manos en el pecho, comenzó a llorar igual que un niño.

El latido, que llegó derivado de las corrientes azules, cambió, inmediatamente, el parecer de los locos. Uno dijo: "¡por Cristo, que no se desdibuje esta verdad! Y, otro exclamó, alegre: ¡el Señor me ha concedido tiempo!".

Todos los locos recuerdan aquella tarde proverbial. Hasta el mismo Smith, olvidó su habitual maledicencia y se sentó, con los otros, a orar.

El corazón de todos los locos, estaba lleno de manzanas. Nadie quería obedecer, ahora, al espíritu del lobo. Nadie deseaba despertar a aquella hora, donde todos los locos del barco habían sido convocados.

Hoy es abril, dijo, con voz serena, uno de aquellos. Y todos conjeturaron, después, que, en verdad, era abril y el tiempo de la luz y el despertar.

Se deshicieron las fuerzas adversas y se hizo un silencio plácido entre los allí convocados. Todos tenían, en sus corazones, grandes deseos de amar.

Algo había cambiado. Algo, completamente nuevo, venía a anunciarse entre ellos. ¿Las desventuras de los locos y su perenne peregrinaje por los piélagos, habían sido atendidas? ¿Qué clase de conjunción o factor cósmico, los había conducido, después de siglos de errático viaje, a un nuevo despertar?

¿Tenía razón el oráculo, cuando en la edad primigenia les habló, con un lenguaje extraño y críptico, del país de Narragonia?

Los locos habían perdido, por momentos, el temor y, al unísono, contemplaron como se dibujaba a lo lejos la silueta de aquella tierra de promisión.

¿Entonces —se decían uno a uno— era cierta la leyenda? Ahora los locos, miraban con otros ojos. Se habían erguido y sus perfiles brillaban frente a la luz del día. Mina, la de la risa esperanzadora, apareció, entre ellos, llevando un laúd en las manos. Era un bonito instrumento de cuerda. Estaba hecho de madera fina.

Mina, con un virtuosismo desacostumbrado, comenzó, con sus dedos blancos, a pulsar las cuerdas. Ésta, la mano delicada de la muchacha (que frisaba, aún, los diecinueve años) comenzó a subir y bajar, de manera armoniosa, por el mástil del laúd.

Se trataba del principio de una canción de amor que Mina, con mirada viva, (también ella se había repuesto de la tristeza y el dolor) entonó.

La melodía, que surgió del instrumento y de la garganta de la muchacha, creó, entre los allí congregados, una atmósfera dulce.

Dios lo había preparado todo para aquel encuentro providencial. Los locos (acostumbrados a llevar sobre sí pesados fardos) se habían liberado, de manera milagrosa, de sus cargas vitales.

Las voces se volvieron más ligeras, y en los ánimos habitaba, para siempre, el bienestar y la dicha. Ahora, el viento de aquella mañana de estío los llevaba hacia la costa. Sabían que habían llegado a Narragonia.

Cuando el barco recaló en la orilla, se acercaron a ellos unos monjes altos, enfundados en túnicas blancas. Los vieron llegar, despaciosos, por un senderillo que descendía desde una especie de fortaleza de piedra que se elevaba frente a la playa.

Hablaban en un extraño idioma, lleno de armonía y musicalidad. Los locos, por una razón que se les escapaba, comprendían el significado de aquellas frases graciosas con las que los monjes se expresaban.

Uno a uno, la turba de enajenados, fueron descendiendo del barco. Llevaban muchos siglos confinados en los límites exiguos de aquella embarcación. El aire puro de aquellas tierras les refrescaba el rostro. El alma parecía haberse desembarazado de la dificultad y del ahogo. Los locos miraban, ahora, con luz distinta.

Aquellos monjes (no se sabe qué clase de religión profesaban) llevaban años aguardando la llegada de una nave extranjera.

Cuando la tripulación, al completo, descendió del barco, los monjes, con cuidadosas maneras, invitaron a todos a acomodarse en la arena.

Uno a uno (la pequeña ceremonia de iniciación la efectuó un monje viejo y de cabellos canos) les fue ungiendo la frente con una especie de aceite aromado con esencias frutales.

Inmediatamente, los locos (libres, ahora, de su larga desfiguración mental) comenzaron a respirar con viveza.

Después de aquellos largos siglos de errancia, más allá del sinsabor, un pequeño puentecito, construido con piedras santas (todo había sido, al final, obra de Dios) los había conducido de vuelta al paraíso.

Ahora, los locos, otrora maledicentes y resabiados, habían retornado a su antigua y remota morada solar.

Después de aquella liturgia, siguió un bautismo de agua que lo desembarazó del peso de las miasmas y de la corrupción. Toda la fuerza de la verdad se afirmaba en sus sangres.

Narragonia, tierra de la promesa, formaba parte de una leyenda que se extendió por muchos lugares y que tenía, como centro, la redención final de los que se habían precipitado en los pozos lúgubres de la insania.

El barco de los desahuciados, condenado a errar y a navegar a la deriva, durante siglos, por los mares procelosos, formaba parte de aquellas historias fabulosas que se contaban (Sebastian Brant, habló en “La nave de los necios” de ello) en algunos círculos.

El loco o el enajenado (que es ya, de por sí, un hombre errante) no posee salvaguardas. El loco malvive, para siempre, en su cárcel mortal y los médicos (de ayer y de hoy) se han ocupado de ellos.

Aunque la medicina moderna ha avanzado mucho, aún no se sabe, con total certeza, qué mecanismos nerviosos (hablo de la compleja maquinaria cerebral) tiene que ver con la locura.

Antes, los consejeros, trataban de extraer una hipotética piedra infernal, del cuerpo del desorientado. Hoy en día (en cierto modo como aquellas antiguas camisas de fuerza) la medicina hace uso (a veces, de manera desmedida) de los psicofármacos.

Narragonia es un reino luminoso, aunque no demasiado extenso. Está lleno de caminos silvestres. En el centro de aquel territorio (algunos dicen que es una isla) se levantan tres altos promontorios.

Después de aquellos ritos de purificación, los extranjeros fueron conducidos, uno detrás de otro, hasta una de las dependencias del baluarte de piedra que se elevaba frente a la costa.

Allí, de manera igualmente delicada, desposeídos, ya, de sus antiguos ropajes, a cada loco (vamos a llamarles, mejor, "pacientes") se les adjudica una túnica larga hasta los pies, semejante al alba de algunas liturgias católicas.

Después de esto, puede decirse, que "el paciente" se ha desembarazado de su antigua condición y ha alcanzado, desde un punto de vista espiritual, la redención final.

Los caminos de Narragonia (dicen algunos) son muy hermosos, pero a mí no me ha sido posible recorrerlos. Sé, no obstante, que allí, en aquellas tierras ignotas, las criaturas errantes encontraron, al final del viaje, su seguro baluarte.

Yo solo sé de los trabajos del loco y de las fuerzas diabólicas del mar. Sé del viento impávido que crispa los nervios y de la desgracia y la calamidad.

Solo puedo decirle al hombre de a pie, que cese en sus desafueros y tropelías y busque la forma de congraciarse con Dios.

Hay que buscar, afanosamente, la libertad interior. Hay que procurar no caer en la amoralidad y el desafecto.

En el loco (muchos creadores modernos lo buscaron) hay un fondo de creatividad. El niño y el loco son depositarios de una forma de pureza que puede, también, llegar a redimirlos.

Hemos llegado al final de esta historia, el viaje de los desajustados. El camino intrincado del loco, desde la casilla del espanto, conduce a un lugar liberador llamado, Paraíso, Cielo, Campos Elíseos, Campos de Aara, Jardín del Edén o, como en el conocido entretenimiento infantil, El Jardín de la Oca.

La vida no está exenta de los caminos del espíritu. Muchas almas buscan afianzarse en la materialidad y el dinero y muchos son, los que olvidan (deslumbrados por los hechizos del oro) las sendas interiores.

La religión y la espiritualidad en general, hallan los asentamientos del alma. La locura es una disfunción vital que arrastra a los mortales hacia la noche. No hay que desoír la llamada de Dios. Hay que unirse, enarbolando todas las armas de la luz, a sus caminos, buscando, en todo, el beneficio de la verdad y el poder irrefutable del amor.

Índice

LA NAVE DE LOS EXTRAVIADOS

Esta obra
se acabó de imprimir
con los auspicios de
Charo Fierro y
Antonio J. Huerga, editores

FINIS CORONAT OPUS